5 Minuten Fußballgeschichten für Leseanfänger

gondolino

FSC
www.fsc.org
MIX
Papier aus verantwortungsvollen Quellen
FSC® C020353

ISBN 978-3-8112-3560-1
1. Auflage 2021

Umschlagillustration: Heike Wiechmann
Umschlaggestaltung: Vanessa Braun
Printed in the EU

Der Umwelt zuliebe gedruckt auf chlorfrei gebleichtem Papier.

www.gondolino.de

Inhalt

Fair geht vor ... 8
Tobias, der Held ... 17
Anna und Max haben Zoff ... 23
Sams schönste Sportstunde ... 32
Der Ehrenplatz ... 40
Was für ein Maskottchen! ... 50
Kurzer ... 58
Prinz, der Kicker ... 67
Das Wundermittel ... 77
Der beste Torwart der Welt ... 85
Der Glücksball ... 96
Rätsel und Antworten ... 104
Quellenverzeichnis ... 108

Fair geht vor

Jakobs Trainer schimpft.
Nur noch zwei Minuten,
und es steht immer noch 1 : 1.

„Wenn ihr nicht gewinnt,
steigen wir ab!“,
ruft er seinen Jungs zu.

Im Mittelfeld
schnappt sich Jakob
beherzt den Ball.

Er umdribbelt drei Gegner
und schon ist er im Strafraum.
Jetzt müsste er schießen.

Doch da bleibt Jakob
mit der Schuhspitze
im Gras hängen und fällt hin.

Ein Pfiff!
Der Schiri zeigt
auf den Elfmeterpunkt.

Jakobs Trainer jubelt.
Aber Jakob ist doch bloß gefallen!
Nein, so geht das nicht.

Jakob klärt den Fall
beim Schiedsrichter auf.
Der nimmt den Elfer zurück.

Jakobs Trainer
ist außer sich vor Wut.
„Wegen dir steigen wir ab,
du Weichei!“, schimpft er.

In der letzten Minute ist wohl
kein Tor mehr zu schaffen. Oder?

Außerdem stürmen jetzt
wieder die anderen.

Doch Jakob ist sauer
auf seinen Trainer.
Mit letzter Kraft
holt er sich den Ball zurück.

Schnell läuft Jakob auf den Kasten zu
und schießt mit voller Wucht
ins linke obere Eck!

Der Torwart schaut
diesem Raketenschuss
nur staunend hinterher.

Abpfiff!
Alle Mitspieler laufen zu Jakob
und heben ihn jubelnd
auf ihre Schultern.

2 : 1 Endstand!
Sie steigen nicht ab!

Dann kommt auch Jakobs Trainer.
„Na, wie habe ich das gemacht?“,
fragt Jakob stolz.

„Jedenfalls nicht wie ein Weichei“,
meint der Trainer lachend.
„Fair geht eben doch vor.“

Tobias, der Held

Die Menge jubelte.
Tobias war ihr Held.
Gerade hatte er das neunte Tor
gemacht, und das Spiel war noch
nicht zu Ende.

Tobias stürmte wieder vor.
Der Kapitän der anderen Mannschaft hatte den Ball und lief auf ihr Tor zu.

Das konnte Tobias nicht zulassen!
Na warte, dachte er.
Den hol ich mir zurück!

Jetzt wurde es spannend.
Tobias und der andere Kapitän trafen
aufeinander und kämpften um den Ball.
Die Zuschauer hielten den Atem an.
Würde Tobias es schaffen?
Sein Gegner war gut,
aber Tobias war besser.
Plötzlich schrie die Menge auf.
Tobias hatte es geschafft!
Er hatte sich den Ball geschnappt
und rannte auf das Tor der Gegner zu.

Schneller und schneller lief er.
Die Menge schrie seinen Namen.
Tobias grinste.
Gleich würde er das
zehnte Tor machen.

Da passierte es!
Jemand foulte ihn, und er fiel.
Der Schiedsrichter pfiff ab,
und Tobias bekam einen Elfmeter.
Jetzt zeig ich's euch, dachte er.

Er nahm Anlauf und schoss.
Tooooor!
Das ganze Stadion jubelte.

„Tobias! Toooobias! Tooooobias!
Wo bleibst du denn?“

In dem Moment wachte Tobias auf.
„Wie oft muss ich noch rufen?“,
schimpfte seine Mutter.
„Frühstück ist fertig!“
O nein, dachte Tobias enttäuscht.
Es ist nur ein Traum
gewesen.

Anna und Max haben Zoff

Max mag Anna und Fußball.
Anna mag Max.
Aber Fußball mag sie nicht.

Sie hat keine Lust,
sich die Spiele anzusehen.
90 lange Minuten!

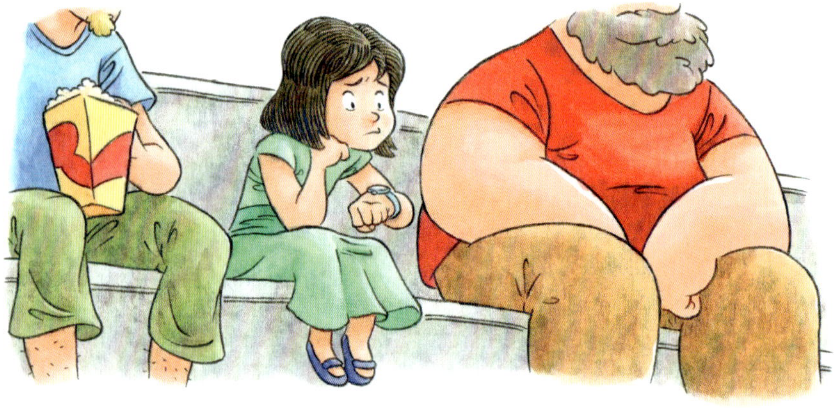

Um sie herum johlen alle.
Anna versteht das nicht.
Wieso pfeift der Schiri?
Gelbe Karte? Für wen? Warum?

Außerdem ist ihr kalt!
Sie will nach Hause.

„Ich höre mir dich
und deinen Chor doch auch an“,
schmollt Max.

„Aber unser Gesang
ist wenigstens schön!“,
rutscht es Anna heraus.

Darauf sagt Max nichts mehr.
Er dreht sich nur um und geht.
Autsch!

Dass Singen schöner ist als Fußball,
hätte Anna nicht sagen dürfen.
Sie will sich entschuldigen.

Sie ruft ihn an.

Max geht nicht ran.

Sie klingelt an seiner Tür.

Max macht nicht auf.

Anna muss Max doch sagen,

wie leid es ihr tut!

Da fällt ihr etwas ein.

Sie bittet ihren Chorleiter.
Er will ihr helfen.
Die ganze Gruppe muss ran.
Geheimaktion: Olé, olé.

Sie üben viele Stunden.
Vor dem nächsten Spiel
wollen sie fertig sein.

Mit zitternden Knien
steht Anna auf der Tribüne.
Zum Glück ist ihr Chor auch da.
Zuerst beachtet Max sie nicht.

Anna fängt an zu singen:
„Wir, wir, wir sind die Fans;
wir, wir feuern euch an!“

Das ist der Schlachtruf
von Max' Verein.
Annas Chorleiter hat ein Lied
daraus gemacht.

Annas Chor schmettert
es durchs Stadion.
Andere Fans stimmen ein.

Jetzt lächelt Max Anna zu.
Im Spiel schießt er zwei Tore.
Sein Verein gewinnt haushoch.

Musik und Fußball
sind eben gute Freunde.
Genau wie Anna und Max.

Sams schönste Sportstunde

Sam hasst Sport!
Immer müssen sie Fußball spielen.
Lieber würde er ein Buch lesen.
In Deutsch lesen sie gerade
eine sehr spannende Geschichte.
Darin wird ein Fahrrad gestohlen,
und ein richtiger Detektiv
sucht es.

Nach der Pause geht Sam
in die Turnhalle.
Dort ziehen alle lange
Gesichter.

„Was ist los?“, fragt Sam.
„Unser Fußball ist weg“, sagt Rita.
„Wie sollen wir jetzt spielen?“
„Wo lag er denn?“, will Sam wissen.
Rita zeigt ihm die Stelle im Regal.

Sam sucht gemeinsam mit der Klasse noch einmal die Turnhalle ab.

„Was haben wir denn hier?“
Sam hebt etwas vom Boden auf.
Es knistert und sieht fast aus
wie eine Hand.

„Das ist das Blatt einer Kastanie."
Sam kratzt sich ratlos am Kopf.
Plötzlich hat er eine Idee.
„Mir nach!", ruft Sam.

Rita folgt ihm zur Wiese
hinter der Schule.
Dort wächst eine Kastanie.
Ein paar ältere
Schüler spielen
Fußball darunter.

„Du hast ihn gefunden, Sam!“,
jubelt Rita.
Sie holt sich den Ball zurück.
„Der gehört uns!“, schimpft sie.
„Wir haben ihn nur ausgeliehen.
Unser Ball ist nämlich kaputt“,
sagt einer der Jungen.

„Pech gehabt“, meint Rita.
„Wir brauchen ihn nämlich selbst.“

Mit dem Fußball kehren Sam und Rita zur Turnhalle zurück.
Der Lehrer wartet schon auf sie.
Endlich kann das Spiel losgehen.

In dem Moment klingelt die Glocke,
und der Unterricht ist vorbei.
Sam grinst über das ganze Gesicht.
Dieses Mal hat ihm Sport
richtig Spaß gemacht.

Der Ehrenplatz

Lina ist mit ihrem Papa
im Fußballstadion.
Heute ist das große Endspiel.

Gleich geht es los!
Vor lauter Aufregung knurrt
Linas Magen.

„Ich muss unsere Plätze freihalten“,
sagt Papa. „Kannst du dir selber
eine Wurst holen?“

„Klar“, antwortet Lina.
Sie prägt sich
ihre Platznummer gut ein.

Dann steigt Lina die vielen Stufen der Tribüne hinab.

Plötzlich steht sie in einem engen Gang.

Auf dem Weg zum Wurststand
muss sie einmal
falsch abgebogen sein.

Ein Mann mit kurzer Hose und großen Handschuhen spricht sie an: „Wo kommst du denn her?“

„Block C, Reihe 61, Platz 117“, stammelt Lina auswendig.

„Da siehst du ja gar nichts“, meint er.
„Hast du Lust auf einen Ehrenplatz?“

Bevor Lina antworten kann,
kommen viele andere Männer
in kurzen Hosen.

Jetzt kapiert sie endlich:

Das sind die Spieler!

Und der Mann

mit den Handschuhen?

Na klar! Der Torwart!

Den kennt sie doch

aus der Zeitung!

Der Torwart nimmt Lina an die
Hand und zusammen
traben sie aufs Spielfeld.

Die Fans toben vor Begeisterung.
Und Papa?
Dem fällt vor Überraschung
die Limo aus der Hand!

Der Torwart führt Lina zur
Trainerbank.
„Von hier aus kannst du besser
sehen.“

Lina drückt ihrer Mannschaft
ganz fest die Daumen.

Und es hilft!
Nach dem Abpfiff
darf sie sogar kurz
den Pokal halten.

„Weil du mein Glücksbringer warst“,
sagt der Torwart lachend.

Was für ein Maskottchen!

„Hurra!“, ruft Ben.
Endlich haben er und seine Freunde
einen Trainer
für ihre Mannschaft gefunden.
Jetzt fehlt ihnen
noch ein
Maskottchen.

„Wie wäre es mit einem Fuchs?“,
fragt Ben.
„Füchse sind flink und geschickt.“

„Aber Papageien sind schöner“,
meint Steffen.
„Sie sind richtig bunt.
Alle werden neidisch
auf uns sein.“

„Was für ein Quatsch!“, ruft Andy.
„Ich finde einen Bären besser.
Bären sind groß und
gefährlich.
Unsere Gegner werden
furchtbare Angst vor
uns haben.“

Den ganzen Tag streiten die drei.
Jeder findet seine Idee am besten
und will nicht nachgeben.
Bald wird es dem Trainer zu viel.
„Schluss jetzt!“, schimpft er.
„Ich werde entscheiden.“

Am nächsten Tag gehen
Ben, Steffen und Andy zum Training.
Sie sind ziemlich aufgeregt.
Welches Maskottchen hat
der Trainer ausgesucht?
Plötzlich öffnet sich die Tür
und ein riesiger Bär mit Fuchskopf
und bunten Flügeln springt heraus.

Die drei schreien erschrocken auf.
Da nimmt der Trainer
den Fuchskopf ab und lacht.
„Wie findet ihr es?“

„So ein schreckliches Maskottchen
hab ich noch nie gesehen“,
meint Ben.
„Es gefällt euch also nicht?“,
fragt der Trainer
enttäuscht.

„Und ob!“, ruft Steffen.
„Unsere Gegner werden vor Lachen
auf dem Boden liegen“,
meint Andy.
„Und dann wird es leicht sein,
zu gewinnen.
Tolle Idee, Trainer!“

Kurzer

Christian steht neben der Wiese
und schaut den Großen
beim Kicken zu.

Wie die spielen,
das kann er auch!
Sie müssten ihn nur sehen!

Als einer von ihnen nach Hause muss, wollen die Jungs aufhören.

Auf diese Chance
hat Christian nur gewartet.
Mutig sprintet er auf den Platz.

Doch Johannes bestimmt:
„Der Kurze darf nur mitspielen,
wenn er immer den Ball wieder holt.“

Christian überlegt kurz,
dann ist er einverstanden.
Für Fußball würde er alles tun!

Er kommt in das Team,
das gegen Johannes spielt.

Johannes ist zwar
zwei Köpfe größer,
aber Christian ist schneller.

Dreimal nimmt Christian
dem großen Angeber den Ball ab
und flankt zu seinen Mitspielern.

Beim vierten Mal
wird Johannes sauer.

Er nimmt sich den Ball
und schießt ihn extra
in die Dornenhecke.

„Kurzer, wieder holen!“,
ruft er grinsend.

Die anderen schauen grimmig,
aber keiner sagt etwas.

Christian lässt sich
seinen Ärger nicht anmerken.
Er wühlt sich in die Hecke.
Doch was ist das?

Dort hängt ein Geldschein
in den Dornen!

Mit dem Schein in der Hand
kommt er auf das Spielfeld zurück.
Das bedeutet: Eis für alle!
Die großen Jungs jubeln.

Siegessicher ruft Christian:
„Der Lange darf nur mitkommen,
wenn ab heute jeder mal
den Ball wieder holt!“

Johannes überlegt kurz,
dann ist er einverstanden.
Für Eis würde er alles tun!

Prinz, der Kicker

Anton ist neu in der Klasse.
Nirgends gehört er richtig dazu.
Immer ist er allein.

Nicht einmal beim Kicken auf dem Schulhof darf er mitmachen.
Denn Stefan hat gesagt, dass sie schon genügend Kicker sind.

Deshalb schaut Anton
in der großen Pause den anderen
beim Fußballspielen nur zu.

Da raschelt es hinter ihm
im Gebüsch. Erschrocken
dreht sich Anton um.

Es ist Prinz, sein Hund.
„Was machst du denn hier?“,
fragt Anton erstaunt.

Prinz schielt nach Antons Brot.
„Du Vielfraß!“, lacht Anton und bricht
ihm ein Stück davon ab.

„Gebt den Ball wieder her“, hört er Stefan da rufen. Die älteren Schüler haben sich den Ball geschnappt.

Sie werfen sich den Ball zu. Aber so, dass die Kicker ihn nicht erwischen können.

Die rennen und hüpfen hinter dem Ball her. Die Großen lachen.

Plötzlich springt Prinz auf und jagt über den Schulhof.

Er macht einen riesigen Satz
und schnappt sich den Ball.

„Prinz, hierher“, ruft Anton.
Verdattert schauen die Großen
dem Hund hinterher.

„Gut gemacht“, sagt Anton, als Prinz ihm den Ball vor die Füße legt.

Dann läuft er damit zu Stefan und den anderen Kickern.

„Gib den Ball wieder her, Kleiner“, drohen die älteren Schüler und machen einen Schritt auf ihn zu.

„Lasst uns bloß in Ruhe“, sagt Anton und wirft den Kickern den Ball zu.

Lachend fängt einer der Großen den Ball. Prinz knurrt und springt auf ihn zu.

Erschrocken lässt er den Ball fallen. Dann hauen die älteren Schüler alle ab.

„Jetzt hast du aber genug mit dem Ball gespielt“, sagt Anton zu Prinz. Er schießt den Ball zu Stefan.

Und der ruft zurück: „Los, Anton, zeig mal, ob du so gut kickst, wie dein Hund knurrt!“

Das Wundermittel

Wieder schwirrt ein Ball ins Tor.
Der dritte schon.
Mürrisch holt ihn Alica aus dem Netz.

Ihre Mitspieler schimpfen.
Heute gelingt ihr aber auch gar nichts!
Nur weil der blöde Lasse zuschaut.

Gut, dass jetzt Halbzeit ist.
Alica lässt sich erschöpft
auf eine Bank fallen.

Da kommt Lasse näher.
Seine dummen Sprüche
haben ihr gerade noch gefehlt!

Aber diesmal sagt Lasse nichts.
Er drückt Alica nur
eine Flasche in die Hand.

„Hier, trink!", murmelt er.
„Das ist ein Wundermittel,
damit hältst du alles!"

Dankbar nimmt Alica die Flasche
und trinkt, ohne sie anzuschauen.

Auf einmal fühlt sie sich richtig stark.
Das Wundermittel wirkt!
In der zweiten Halbzeit
klappt einfach alles.

Alica fliegt nur so
durch den Strafraum.
Die härtesten Schüsse
lenkt sie über die Latte.

Doch dann pfeift der Schiri
einen Elfmeter
für die andere Mannschaft.

Alica ist furchtbar aufgeregt.
„Denk an das Wundermittel!“,
ruft Lasse über den Platz.

Und Alica hält!
Die Zuschauer klatschen begeistert.
Dann ist das Spiel vorbei.

Alica will sich
bei Lasse bedanken,
doch der ist schon weg.

Nur die leere Flasche
vom Wundermittel
steht noch auf der Bank.

Alica hebt sie hoch
und traut ihren Augen nicht.

Auf dem Etikett steht
in großen Buchstaben:
„Apfelsaft“.

Der beste Torwart der Welt

Linus ist ein super Torwart.
Selbst die schärfsten Schüsse
fischt er aus der Luft.
Beim Kicken in der Pause wollen alle
in seiner Mannschaft sein.

Doch im Verein spielt Linus nicht.
Wenn ihn seine Eltern fragen,
sagt Linus immer: „Keine Lust!“

Aber eigentlich ist der Grund
ein anderer.

Linus hat ein bisschen Angst.
Es fühlt sich seltsam an,
neu zu einer Gruppe dazuzukommen.
Alle kennen sich ja schon.
Linus ist dann der Neue.
Und alle werden ihn
ganz genau beobachten.

Deshalb spielt Linus nur
mit seinen Freunden.
Heimlich träumt er aber davon,
Torwart der Nationalmannschaft
zu werden, und sieht sich alle Spiele
der Weltmeisterschaft
an.

Zusammen mit Piet und Philipp
geht er in den Park.

Dort ist eine große Leinwand aufgebaut.
Die drei Freunde hocken sich mitten zwischen die Erwachsenen.
Natürlich haben sie auch Fahnen und einen Ball dabei.

Linus freut sich besonders, wenn Bastian Müller zu sehen ist.

Der Torwart ist sein großes Vorbild.
Die Gegner schießen und köpfen.
Doch Bastian Müller
hält jeden Ball.

„Super!“, ruft Linus zur Pause.
Noch steht es 0 : 0 – dank Müller.
Schnell stellen Linus, Piet und Philipp
die besten Szenen des Spiels nach.

Linus ist natürlich im Tor.
Piet läuft auf ihn zu und schießt.
Kein Problem für Linus!
„Müller hat ihn!“,
ruft Linus über den Platz.
„Er ist wie immer Weltklasse!“
Dann pfeift der Schiedsrichter
die zweite Halbzeit an.

Die drei Freunde kehren
auf ihre Plätze zurück.
„Du magst Müller wohl sehr gern?“,
fragt ein Zuschauer.
Linus nickt und strahlt.
„Ja! Der ist einfach der Beste!“,
schwärmt er.

Der Mann lacht.
„Du erinnerst mich an ihn“, sagt er.

„Ich kenne Bastian nämlich schon
ganz lange."
Piet, Linus und Philipp staunen.
„Ich war sein Trainer,
als Bastian so alt war wie ihr."

Er erzählt vom kleinen Bastian.
Wie gut er damals schon war.

Wie verbissen er trainiert hat.
Und wie er immer davon geträumt hat,
einmal Nationalspieler zu werden.
Piet und Philipp lachen.
„Genau wie du, Linus!“, sagt Piet.
Dann fällt das 1 : 0.
Alle Zuschauer jubeln.
In der Nachspielzeit hält
Bastian Müller noch einen Elfer.
Wahnsinn!
Als das Spiel zu Ende ist,
gibt der Mann Linus eine Karte.

Darauf steht seine Telefonnummer.
„Deine Eltern können mich
ja mal anrufen“, schlägt er vor.
„Ich bin nämlich immer noch Trainer.
Einen super Torwart wie dich
können wir gut gebrauchen.“

Eine Woche später
geht Linus zum Training.
Das ist gar nicht schwer.
Er hat ja schon einen Freund
in der Mannschaft:
den besten Trainer der Welt!

Der Glücksball

Seit Wochen hatten die Asse
kein einziges Spiel mehr gewonnen.
„Warum haben wir nur noch Pech?“,
jammerte Martin.
„Vielleicht sind wir einfach mies“,
sagte Lotte.

„Das ist nicht wahr“,
meinte der Trainer.
„Ihr seid gut.
Ihr müsst nur an
euch glauben.“

Aber die Asse
hatte der Mut verlassen.

Ein paar Tage später bekamen sie ein geheimnisvolles Paket.
Lotte packte es aus und fand einen neuen Fußball darin.
„Es ist auch ein Brief dabei!“, rief Martin.
Er nahm den Brief und las ihn durch.

„Das ist ein Glücksball“,
sagte er aufgeregt.
„Mit dem kann man nicht verlieren.“
„Und von wem ist er?“, fragte Lotte.
Martin zuckte mit den Schultern.
„Das steht hier nicht.“
„Probieren wir ihn mal aus“,
meinte Lotte.
„Vielleicht stimmt es ja.“

Tatsächlich gewannen die Asse
von nun an jedes Spiel.
Es war unglaublich.
Nichts konnte sie bremsen.
„Ihr seid einfach die Besten“,
jubelte der Trainer.

„Das haben wir alles
unserem Glücksball zu verdanken!“,
rief Martin.
„Ist das so?“, fragte der Trainer.

Lotte kniff die Augen zusammen.
„Ist der Ball etwa von Ihnen?“,
wollte sie wissen.
Der Trainer grinste.

„Dann ist das gar kein Glücksball?“, fragte Martin.

„So etwas braucht ihr nicht“, meinte der Trainer.

„Ihr hattet nur euren Mut verloren. Darum habe ich die Geschichte von dem Glücksball erfunden. Und es hat ja auch geklappt.“

„Zum Glück“, sagte Lotte.
Da lachte Martin.
„Also ist es doch ein Glücksball.“

Löse diese Rätsel!

1. **Was muss jeder Fußballer sein?** Suche das richtige Wort im Buchstabengitter.

M	I	E	S	T	A	R
L	U	F	A	I	R	T
O	F	A	U	L	G	I
U	G	R	O	S	S	K

Lösung aus „Fair geht vor“: Alle Sportler und Fußballer müssen immer fair sein.

2. **Wer ruft Tobias?** Kreuze an.

- [ ] Fans
- [x] Mutter
- [ ] Freunde

Lösung aus „Tobias, der Held“: Seine Mutter ruft ihn.

3. **Wer ist wer?** Verbinde die Bilder mit den richtigen Namen.

Anna Chorleiter Max

Lösung aus „Anna und Max haben Zoff“: Links sitzt der Chorleiter, in der Mitte steht Max und rechts steht Anna.

4. **Was findet Detektiv Sam in der Turnhalle auf dem Boden?** Kreise ein.

Tannenzweig

Kastanienblatt

Eichenblatt

Lösung aus „Sams schönste Sportstunde“: Er findet das Blatt einer Kastanie.

5. **Wohin bringt der Torwart Lina zum Zuschauen?** Ergänze die fehlenden Buchstaben.

TRAINERBANK

Lösung aus „Der Ehrenplatz“: Er bringt sie zur Trainerbank.

Löse diese Rätsel!

6. Welches Tier suchen sich Ben, seine Freunde und ihr Trainer *nicht* als Maskottchen aus? Kreuze an.

- [ ] Bär
- [ ] Tiger
- [x] Fuchs
- [ ] Papagei

Lösung aus „Was für ein Maskottchen“: Das Maskottchen hat einen Bärenkörper mit Fuchskopf und bunte Flügel – aber keine Tigerstreifen.

7. Verkehrt herum. Was hängt in der Hecke an den Dornen? Ein ... Kreuze an.

- [ ] GUTSCHEIN
- [ ] GELDBEUTEL
- [x] GELDSCHEIN

Lösung aus „Kurzer“: In der Hecke hängt ein Geldschein.

8. **Was passiert zuerst?** Bringe die Bilder in die richtige Reihenfolge.

Lösung aus „Prinz, der Kicker“: 1. Anton sieht Prinz im Gebüsch. 2. Die älteren Schüler spielen mit dem Ball der Jungs. 3. Einer der Großen lässt erschrocken den Ball fallen, weil Prinz ihn anknurrt.

9. **Lies genau in Spiegelschrift. Was ist das Wundermittel?** Kreuze an.

- [ ] Apfelkuchen
- [x] Apfelsaft
- [ ] Orangensaft

Lösung aus „Das Wundermittel“: In der Flasche ist Apfelsaft.

10. **Was sagt Linus immer zu seinen Eltern?** Kreise ein.

„Keine Lust!“

„Ich habe keine Zeit!“

„Ja, gute Idee!“

Lösung aus „Der beste Torwart der Welt“: „Keine Lust!“

Quellenverzeichnis

Fair geht vor, Der Ehrenplatz, Kurzer, Das Wundermittel
aus: THiLO, **Kleine Lesetiger-Fußballgeschichten**
mit Illustrationen von Eva Czerwenka

Tobias, der Held, Sams schönste Sportstunde,
Was für ein Maskottchen!, Der Glücksball
aus: Florian Weyden, **Schmökerbären-Fußballgeschichten**
mit Illustrationen von Jane Borg

Anna und Max haben Zoff
aus: Michaela Hanauer, **Lesetiger-Fußballgeschichten**
mit Illustrationen von Marc Rueda

Prinz, der Kicker
aus: Claudia Lander, **Kleine Lesetiger-Schulgeschichten**
mit Illustrationen von Kerstin Völker

Der beste Torwart der Welt
aus: THiLO, **Leselöwen 2. Klasse – Fußballgeschichten**
mit Illustrationen von Irmgard Paule